Klaus-Jürgen Becker

Ho´oponopono

Die Kraft

der Selbstverantwortung

Arbeitsbuch

In dieser Arbeitsmappe findest du Übungen verschiedener Lebenslehrer, die sinnvoll im Rahmen des Ho´oponopono-Prozesses aufeinander abgestimmt wurden. Hierbei ist es mein Bestreben, einen Pfad zur Ho´oponopono-Erfahrung zu bauen.

RiWei
Verlag -GmbH

1. Auflage Juli 2009
2. Auflage September 2009

Gesamtherstellung: RiWei-Verlag GmbH
Druck: RiWei-Verlagsdruckerei
Umschlaggestaltung: Ulrike Bürger
Lektorat: Anita Radi-Pentz
Satz: Meike Scholtes

Postfach 20 04 54
93063 Regensburg
Tel. 0941 / 799 45 70
Fax. 0941 / 799 45 72
e-Mail: info@riwei-verlag.de

ISBN 978-3-89758-634-5

Inhaltsverzeichnis

Lieber Leser, liebe Leserin,

im Jahr 2006 hörte ich von Nada und Kurt Tepperwein im Kausaltraining von der hawaiianischen Methode ‚Ho‘oponopono‘[1]. Kurz darauf begegnete ich Manfred Mohr[2], und lernte seine feinfühlige Weise, Ho´oponopono zu vermitteln schätzen. Ab dem Augenblick gab es für mich kein Halten mehr: Ich studierte alles, was ich über diese wunderbare Methode finden konnte[3]. Seit dem bin ich von Ho´oponopono begeistert, insbesondere, weil sie die SELBSTVERANTWORTUNG in unsere eigenen Hände legt.

Ich entdeckte schnell, dass es sich bei Ho´oponopono um eine alte hawaiianische Methode handelt, die 1863 von Mary Kawena Pukui erwähnt wurde. Die für Essenz, die sich hinter hunderten von Seiten englisch sprachigen Materials herauskristallisierte waren vier Formeln:

- Es tut mir leid
- Bitte vergib mir
- Ich liebe dich
- Danke

---

[1] Ich habe an dieser Stelle bei pono-pono bewusst die beiden ‘o´s‘ unterstrichen, da ich die Erfahrung mache, dass durch die Betonung des jeweils o´s das Wort eine besonders kraftvolle Schwingung hat.

[2] Autor des Buches ‚Cosmic Ordering: Die neue Dimension der Realitätsgestaltung aus dem alten hawaiianischen Ho'oponopono‘

[3] Leider gab es damals außer dem Buch von Manfred Mohr nur noch zwei englisch sprachige Werke[3]: Ho'Oponopono: Contemporary Uses of a Hawaiian Problem Solving Process by E. Victoria Shook (Paperback - Feb 1986), Zero Limits: The Secret Hawaiian System for Wealth, Health, Peace, and More by Joe Vitale and Ihaleakala Hew Len Ph.D (Hardcover - Jun 29, 2007). Fündiger wurde ich dann jedoch im Internet: Dank der modernen Technik steht uns das weltweite Wissen, entsprechenden Fleiß vorausgesetzt , zur Verfügung.

Ho´oponopono basiert auf dem tiefen Wissen der Hawaiianischen Schamanen, dass wir eins mit allem sind. Natürlich ist Menschen, die meditieren oder sich mit ZEN, TAO oder Advaita-Yoga beschäftigen die Einheit vertraut, doch mit Ho´oponopono liegt uns ein einzigartiger *Wandlungsschlüssel* vor, um die Dinge mit Hilfe der vier Formeln, „mit dem Göttlichen und sich in Einklang zu bringen" (wörtliche Übersetzung von Ho´oponopono).

Als ich begann, diese wunderbare Methode anzuwenden, war ich zutiefst beglückt darüber, dass sie ‚funktionierte'. Wunder geschahen augenblicklich in meinem Leben, so als hätte ich einen Zauberstab in der Hand: Im Supermarkt innerhalb einer gestressten Warteschlange wurde ich sofort vorgelassen, nur weil ich Ho´oponopono anwandte, unfreundliche Bedienungen im Restaurant wurden freundlich, auch wenn sie gerade woanders hinsahen und vieles andere mehr. Bei anderen Themen, die ich noch nicht verstanden hatte, dauerte es allerdings manchmal Tage oder auch Wochen, bis sich die Wandlung zeigte.

So trainierte ich meine Fähigkeiten und Fertigkeiten mit Hilfe und erweiterte das, was ich über Ho´oponopono erfahren hatte mit bewährten Hilfen und Techniken aus meiner zwanzigjährigen Lebensberatererfahrung. Immer hier stieß ich immer wieder auf die vier Prinzipien Mitgefühl – Vergebung – Liebe - Dankbarkeit. In der Kombination der verschiedenen, durch mich selbst erprobten Methoden erforschte ich, welche Teile sinnvoll Ho´oponopono ergänzen.

Ich möchte dieses Zusammensetzen einmal mit dem Fernseher vergleichen. Der Fernseher wurde niemals erfunden, er wurde lediglich

aus bereits vorhandenen Bausteinen zu etwas neuem zusammen

gesetzt wie Bildröhre, Lautsprecher, Funkprinzip, wobei die Bildröhre der entscheidende Mittelpunkt war, um den sich alles dreht.

Ich stellte mir natürlich die Frage, warum wir statt des Zungenbrechers Ho´oponopono nicht einfach ‚Liebe und Vergebung' sagen können? Die deutschen Begriffe ‚Liebe und Vergebung' können jedoch die sehr umfassende Bedeutung und mystische Kraft von Ho´oponopono und nur bedingt wiedergeben . Zudem ist es uns möglich, durch den Import eines Namens auch gleich die wunderbare Energie, die in der Ho´oponopono-Pflanze gespeichert ist, so wie die Sonne Hawaiis, gleich mit zu importieren. Zudem haben wir im Ursprungsland Hawaii eine kulturelle Besonderheit vorliegen:

Die Kultur von Hawaii und der Südsee trägt seit Urzeiten das Wissen um die Alleinheit allen Seins in sich. Dieses Wissen drückt sich mannigfaltig aus - in der Huna-Kultur, in den Legenden um das sagenumwobene Lemurien und auch in Ho´oponopono. Die Herangehensweise seitens der Hawaiianer an diese Alleinheit ist feinfühlig, sinnlich, lebensbejahend und eng mit den Elementen von Wasser und Feuer, Delfinen und Stammestraditionen verbunden. Dies entspricht meinem Naturell und findet sich, soviel ich weiß, weder in der europäisch-westlichen noch in der fernöstlichen Tradition, so dass wir in dem kulturellen und geschichtlichen Hintergrund von Hawaii eine besonders wertvolle Botschaft für die westliche Welt finden.

Unsere europäische Kultur der Dichter und Denker ist seit Jahrhunderten von dem Geist der Strebsamkeit getragen – denken wir an die gotischen Kirchen, an den extremen Leistungsanspruch der westlichen Welt und an die modernen Erfindungen. Das Bewusstsein der verborgenen Alleinheit aller irdischen Existenz stand jedoch eher im Hintergrund. Aber genau dieses sinnlich erfahrbare Alleinheitsbewusstsein ist gerade in dieser Zeit und gerade in unserer modernen Zivilisation mehr von Nöten denn je:

Wir tragen in Europa die traumatischen Spuren zweier Weltkriege in uns, stehen vor massiven ökonomischen und politischen Problemen und sind von unserer Grundstruktur her eher individualistisch eingestellt.

Doch auch wir sind in besonderer Weise gesegnet: Aus unserer europäischen und nordamerikanischen Mentalität heraus hat sich die moderne Psychologie entwickelt, Bewusstseinstechniken, Traumatherapie, gewaltfreie Kommunikation, um nur einige Beispiele zu nennen.

Aus diesem Boden heraus war es für mich eine spannende Herausforderung, diese wertvollen Werkzeuge mit dem Bewusstsein der Alleinheit und der Idee der Liebe und Vergebung so zu verbinden, dass der Leser einen optimalen Nutzen davon hat. Und so entwickelte sich daraus die vorliegende Form der Anwendung dieser wunderbaren Methode.

Zugleich hoffe ich mit meinen Erfahrungen als Lebensberater und denen auf meiner Praxis beruhenden guten Techniken und Hilfsmitteln ein wenig von dem wettmachen zu können, was die hawaiianischen Schamanen uns an Erfahrungspraxis in Ho´oponopono voraus haben. Da es stets das Göttliche ist, welches die Arbeit von Ho´oponopono vollzieht ist es für die Kraft von Ho´oponopono nicht so wichtig, wie du von dieser Grundidee angesteckt wurdest, sondern ob es dir gelingt, das kleine ich (Ego) soweit zurück zu stellen, dass Ho´oponopono durch fließen kann. Nicht die Technik oder das Wissen ist es, das letztendlich die Wunder von Ho´oponopono vollbringt, sondern die Kraft der Liebe und die Klarheit der Inspiration.

So wie ich es verstehe, werden wir, die wir uns auf diesen Weg machen, über diese Methode *von innen heraus* unterrichtet. Es ist der Spirit von Ho´oponopono, der uns lehrt. Inneres Wissen kann man letztendlich nicht lernen wie auf einer Schule. Man kann es nur durch Übertragung ‚einfangen', vielleicht so wie eine Infektion. In der Tiefe der Meditation, und für jene brauchen wir meines Erachtens wirklich einen Lehrer, ist uns alles Wissen aller Zeiten zugänglich.

Und so dienen meine Bücher vorrangig als ein WEG zum Weg, als eine Anleitung, um in den ‚Ho´oponopono-Zustand' zu kommen. Dorthin gibt es verschiedene Wege, den von mir sehr verehrten schamanischen, der eben durch Literatur fast nicht beschreibbar ist und den literarischen Ansatz.

Egal auf welchem Weg Ho´oponopono zu dir gefunden hat – hat es dich ‚infiziert', dann heißt es üben, üben, üben – denn wir lernen nur durch die regelmäßige Praxis.

In diesem Arbeitsbuch findest du eine HINFÜHRUNG zu Ho´oponopono vor.

Es beginnt mit ganz einfachen Dingen, die den hawaiianischen Schamanen selbstverständlich sind, wie z. B. der Konzentration auf einen Punkt und endet damit, dass ich mit der letzten Übung ein GEFÜHL dafür vermittele, was Ho´oponopono aus meiner Sicht in deinem Leben bedeuten kann.

Dort aber befinden wir uns erst am BEGINN einer Reise. Ob und wie du dann diesen Weg weiter gehst, sei dir überlassen.
In der Erstellung meiner Bücher, liegt mir vor allem die ‚verborgene Harmonie', die Essenz allen Seins am Herzen. Was ich in

den letzten 25 Jahren meines Lebens über die Wahrheit hinter dem Schein gelernt habe, gebe ich gerne an dich weiter. Mein Bestreben ist, dies auf eine so anschauliche und nachvollziehbare Weise wie möglich zu tun – dabei wünsche ich dir viel Freude.

Klaus Jürgen Becker

Konzentration auf einen Punkt

Übung: Begebe dich in eine geeignete Sitzposition. Stelle deinen Minutenwecker auf z. B. 10 Minuten, je nach Wahl. Fixiere den Punkt auf der Abbildung (s. Vorderseite), solange, bis der Wecker klingelt. Die Augen schauen weich, nicht verkrampft, aber in spielerischer Konzentration, schweifen nicht ab. Falls du bemerkst, dass du abgeschweift bist, kehre mit der Aufmerksamkeit sanft, aber liebevoll zu dem Punkt zurück. Wenn es dir hilft, benenne kurz, was dich ablenkt, z. B. mit „Denken". Durch tägliche Konzentration auf einen Punkt wächst in dir die Fähigkeit, ablenkende Gedanken zu erkennen und deine Aufmerksamkeit auszurichten.

Erfahrungen: Wenn du dich in der Konzentration auf den Punkt übst, wirst du feststellen, dass manchmal ablenkende Gedanken, Bilder, Gefühle, Empfindungen, Impulse, Erinnerungen, Sensationen, Emotionen, Energien auftauchen. All diese Dinge lassen sich im Englischen unter dem Wort „Mind" (deutsch in etwa: Gemüt, Verstand, Geist) zusammenfassen. Die Ablenkungen sind normalerweise immer da, doch in der Konzentration auf den Punkt wirst du dir ihrer bewusst. Viele Anwender berichten, dass der Atem während der Übung beginnt, tiefer zu gehen. Ihnen ist so, als würden sie über das Ausatmen „entgiften".

Lernerfolg: Konzentrationsvermögen entwickeln, wertfrei beobachten lernen

Nutzen: Aufmerksamkeit auf einen Fokus gerichtet halten

KDS: S. 97

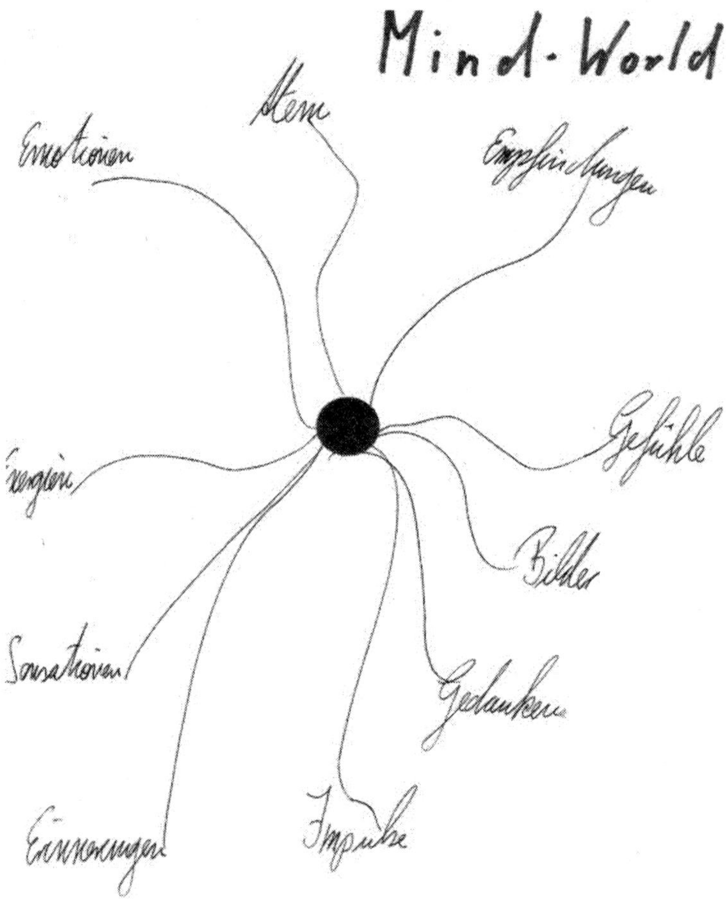
Mind-World
Atem
Emotionen
Empfindungen
Gefühle
Bilder
Gedanken
Impulse
Erinnerungen
Sensationen

Meine Erfahrungen mit der Übung:

am Rand des Punktes kam Licht heraus, entweder als Korona oder als Strahl

Aufmerksamkeit verlagern

Übung: Schaue fünf Minuten lang diese Seite an. Konzentriere dich dabei aber nicht auf die Schrift, sondern auf das weiße Papier. Fühle, wie die Farbe weiß durch Schrift und Grafik hindurchströmt zu dir. Wann immer die Aufmerksamkeit durch den Text oder das Bild abgelenkt ist, konzentriere dich wieder liebevoll auf das weiße Blatt dahinter.

Erfahrungen: Viele Teilnehmer beobachten am Anfang der Übung Ablenkungen, Gedanken, Impulse – dann plötzlich wechselt der Fokus. Es gelingt ihnen „umzuschalten".

Lernerfolg: Eine veränderte Perspektive einnehmen. Aufmerksamkeit im Alltag verlagern können.

Nutzen: In Kontakt kommen mit dem, was immer war, immer sein wird und sich nie verändert, dem „Hintergrund des Seins".

Meine Erfahrungen mit der Übung:

Vexierbild-Technik

Übung: Konzentriere dich auf das Vexier-Bild[4] unten. Was siehst du – Engel oder Teufel? Übe dich einmal darin, zuerst nur die eine und dann nur die andere Figur zu sehen. Und dann sieh beide Personen gleichzeitig.

Erfahrungen: Manche Teilnehmer sehen zuerst die Engel, manche zuerst die Teufel.

Lernerfolg: Eine nichtduale Sichtweise (eine übergeordnete „Meta-Position") erlernen. Indem beide Figuren gleichzeitig gesehen werden, öffnet sich ein innerer, neutraler Raum, aus dem heraus eine Wahl besteht, womit man sich identifiziert und womit nicht.

Nutzen: Standpunkte und „Realitäten" verändern können. Dein ganzes Leben besteht aus meist unentdeckten „Vexierbildern", die du so oder so erleben kannst. Du kannst in jeder Situation den Teufel oder den Engel, die Tragödie oder die Komödie sehen – es liegt an dir. Nur weil wir nicht wissen, dass wir die Wahl haben, geben wir uns nur mit einer Hälfte der Realität zufrieden. Und nur in der dritten Position, jenseits der Polarität erleben wir Frieden. Auch ein gewöhnliches Schriftstück (s. letzte Übung) oder eine Zeitung lässt sich als Kippfigur einsetzen.

KDS: S. 107

[4] Zeichnung: Kreislimit IV, M. C. Escher.

Meine Erfahrungen mit der Übung:

Fremd im ZEN-Kloster

Ein Mann entscheidet sich dazu, ZEN-Mönch zu werden und geht in ein Kloster. Jeweils einmal im Jahr bekommt dort der Ansässige die Möglichkeit, einen einzigen Satz zu seinem ZEN-Meister zu sagen.

Nach einem Jahr kommt er zum Meister und sagt: „Das Bett ist zu hart!“ Der ZEN-Meister gibt einen Wink und unser Mann wird wieder hinausgeführt. Nach einem weiteren Jahr kommt er wieder zum Meister und sagt: „Das Essen ist miserabel!“ Wieder wird er hinausgeführt. Nach dem dritten Jahr baut er sich vor dem Meister auf und sagt: „Ich gehe jetzt!“ Der Meister antwortet: „Kein Wunder!“ „Warum“ fragt unser Mann und der Meister antwortet: „Alles, was du von dir gibst ist „sich beschweren“!“

Meine eigenen Gedanken dazu:

Glaubenssatz-Arbeit

Übung:

1. Notiere auf der nächsten Seite in der *linken* Spalte einige Menschen oder Themen, die dich gerade intensiv beschäftigen, insbesondere solche, die für dich eine Herausforderung darstellen. Diese können sein: Dein Partner, deine Eltern, deine Kinder, deine Nachbarn, deine Kunden, Klienten, aber auch: deine Gesundheit, dein Leben usw.
2. Notiere in der *Spalte A*, *wie* du über die Menschen oder Themen denkst. Frage dich: „Wie denke ich über ...?" Sei dabei ehrlich zu dir selbst, nimm das, was als spontaner Impuls in dir aufsteigt und notiere es. Versuche nicht „esoterisch" oder „nett" zu sein, erlaube dir deine Bewertung.
3. Überlege: Wie könnte ich „auch" (positiv) über das gleiche Thema/die gleichen Themen/die gleichen Menschen denken? Frage dich hierfür: „Was ist – ungeachtet aller Herausforderungen – gut daran?" Achte bei der B-Position darauf, dass du zugleich *realistisch* wie auch *positiv* bist. Finde genau den positiven Begriff, der in dir ein tiefes Gefühl von Entspannung erzeugt. Notiere dein erlösendes, positives Urteil unter *Spalte B*.
4. Erkenne, dass beide Positionen eine gewisse Wahrheit besitzen und notiere diese integrierende Wahrheit in die nächste *Spalte C*.
5. Verändere deine beiden Betrachtungsweisen, wie bei dem Vexierbild. Lass einmal die eine und dann die andere deutlich und kraftvoll werden und fühle diesen neutralen dritten Punkt.

Erfahrungen: Viele Teilnehmer erleben mit „Spalte B“ Öffnungen, die vorher nicht da waren. Manchmal braucht es ein wenig Intuition, um die wirklich „treffenden“ positiven Bezeichnungen zu finden. Mit Spalte C erleben viele erneut diese Meta-Position, wie wir sie in der letzten Übung bereits erfahren haben.

Lernerfolg: Festgefahrene, schmerzhafte Standpunkte loslassen. Die Polaritäten kämpfen nicht mehr gegeneinander, sondern werden in etwas Größeres integriert. Letztendlich erschaffst du dir mit dieser Methode ein „Vexierbild mit Worten“, mit dem du spielen kannst.

Nutzen: Einen Zustand der inneren Entspannung, Bewertungsfreiheit, Neutralität erreichen. Tipp: Wann immer du spürst, dass du in einer unerfreulichen Betrachtungsweise deiner Realität festgefahren bist, notiere, was du gerade erlebst, und frage dich, wie du die gleiche Situation *auch* sehen könntest, also was du gut daran finden könntest. Verwende dafür die folgende Formel: *„Das kann man so sehen ....(A) oder auch so sehen ....(B)“.*

KDS: S. 110

Beispiel:

Wie denke ich über... ?	**A: Übliche Bewertung**	**B: Positive, neue Bewertung.**	**C: Integrierende Bewertung (sowohl als auch)**
Meine Kinder ...	sind ungezogen.	sind natürlich.	... sind natürlich manchmal ungezogen.
Die Finanzkrise ...	ist verheerend.	ist chancenreich.	... ist verheerend und auch chancenreich.

Wie denke ich über… ?	A: Übliche Bewertung	B: Positive, neue Bewertung.	C: Integrierende Bewertung (sowohl als auch)

Meine Erfahrungen mit der Übung:

Umdeutung

Übung: Nimm dir nochmals die Liste von der letzten Seite vor. Finde nun für den (negativen) Begriff in Spalte A einen positiven Begriff, der genau dieselbe Eigenschaft, aber auf eine positive Weise beschreibt und trage ihn in Spalte D ein. Im Gegensatz zur letzten Übung findest du also den positiven Begriff, der nicht nur in dir Entspannung erzeugt, sondern zugleich auch das verborgene Potenzial, die verborgene Fähigkeit in dem scheinbar Negativen aufzeigt.

Erfahrungen: Viele Teilnehmer berichten, dass es erst einmal ein wenig „Hirnschmalz" bzw. Intuition braucht, um die positive Umdeutung zu finden. Jedes mal, wenn dies gelungen war, zeigte sich eine deutliche Erleichterung. Nicht die Dinge selbst machen uns zu schaffen, sondern unsere *Bewertung* darüber.

Tipp: Eine Liste zahlreicher Umdeutungen findest du auf KDS S. 243 ff. Es geht jedoch darum, dass du deine *eigenen* Begriffe findest.

Lernerfolg: Hinter dem Schatten das verborgene Licht erkennen. Durch die Übung holst du von dem, was du bisher verurteilt hast, das verborgene Potenzial ans Licht und integrierst es bei dir selbst.

Nutzen: Sich mit der verborgenen Positivität verbinden. Wieder in den positiven Energiefluss kommen.

Besonders hilfreich: Umdeutung von Krankheiten in Fähigkeiten (KDS S. 237 ff.).

KDS: S. 242 ff.

Wie denke ich über …?	A: Übliche Bewertung (Urteil)	D: Potenzial-Bewertung (Fähigkeit)

Meine Erfahrungen mit der Übung:

Die Geschichte mit dem Hammer

Ein Mann will ein Bild aufhängen. Den Nagel hat er, aber nicht den Hammer. Daraufhin beschließt unser Mann, hinüberzugehen zum Nachbarn, um sich dort einen Hammer zu borgen. Auf dem Weg zum Nachbarn kommen ihm allerdings Zweifel: „Was, wenn der Nachbar mir den Hammer nicht leihen will? Gestern grüßte er mich nur so flüchtig – vielleicht hat er etwas gegen mich? Und was – was soll ich ihm getan haben? Wenn sich von mir jemand einen Hammer leihen wollte, ich gäbe ihn ihm sofort–– und warum er nicht? Wie kann man einem Mann einen so einfachen Wunsch abschlagen – eine Rücksichtslosigkeit ist das." Und während er so vor sich hersinniert, kommt er beim Nachbarn an, läutet, doch bevor der Nachbar etwas sagen kann, faucht er ihn an: „Behalten Sie doch Ihren Hammer, Sie Rüpel."[5]

Meine Gedanken zu der Geschichte:

____

[5] Quelle: Paul Watzlawick, Anleitung zum Unglücklichsein

Schattenarbeit

Übung:

1. Notiere, wer gerade besonders viele Aversionen oder unangenehme Gefühle in dir auslöst. Beschreibe wie du den anderen erlebst: __________ ist ________________. Warum ist das für dich so unangenehm?

   ____

   ____

2. Notiere, wer in dir besonders leidenschaftliche positive Gefühle auslöst; dies kann auch eine Phantasie- oder Romanfigur sein. Beschreibe, wie du diesen Menschen erlebst: ________________ ist ____________________. Warum löst das in dir so viel positive Gefühle aus?

   ____

   ____

3. Notiere, wer/was dich besonders langweilt bzw. von wem du dich fernhältst. Beschreibe, wie du diesen Menschen erlebst: ___________ ist ___________________. Warum ist dies für dich so langweilig?

   ____

   ____

4. Gab es in deinem Leben einen Traum, der in dir ein besonders intensives Gefühl ausgelöst hat oder in dem du dich in einer Rolle entdeckt hast, die extrem von deiner Lebensrealität abweicht? Beschreibe ihn:

   ____

   ____

Wie hattest du diesen Traum/dich in diesem Traum erlebt?

____

Warum ist dieser Traum so beeindruckend für dich?

____

5. Gibt es Lebensumstände, Situationen, Ereignisse, die sich wiederholen und in dir heftige Reaktionen/Gefühle auslösen? Notiere eines davon:

   ____

   Formuliere daraus eine Überzeugung, wie z. B. „das Leben ist …“, „Beziehungen sind …“, „Autofahren ist …“:

   ____

   Warum lösen diese Umstände in dir so heftige Reaktionen aus?

   ____

6. Welche Person wäre genau das Gegenteil von dir (auch wenn du keine besondere emotionale Reaktion auf sie hast; oftmals verbirgt sich hier der „Schatten des Schattens“.[6])?

   ____

   Wie denkst und fühlst du über so eine Person?

   ____

Anmerkung: Jeder Mensch hat viele Facetten, angenehme und unangenehme Eigenschaften. Konzentriere dich in der o. a. Übung vor allem auf jene, die dir zu schaffen machen.

---

[6] dieser Begriff stammt von Andreas Krüger, Berlin

Erfahrungen: Viele Teilnehmer erkennen an dieser Stelle erstmals, welche Eigenschaften es sind, die sie besonders ablehnen oder bevorzugen.

Lernerfolg: Präzision in der subjektiven Wahrnehmung. Verlagerung der Aufmerksamkeit weg von dem Etikett der Person und hin zu der Eigenschaft. Du kommst näher zu dir selbst. Sich selber (und seinen Schatten) besser kennen lernen. Ahnen, dass das, was wir an anderen besonders lieben oder hassen, mit uns zu tun hat.

Nutzen: Sich selber besser verstehen.

KDS: S. 201

Meine Erfahrungen mit der Übung:

Projektionen zurücknehmen – Gleichheit – Kompensation – sekundärer Vorteil

In der letzten Übung hast du definiert, wie du etwas oder jemand (deine Eltern, deinen Partner, die Deutschen, Beziehungen, die Frauen, den Sex, das Geld, ...) erlebst. Du hast daraus Überzeugungen formuliert. Die meisten Menschen glauben, dass das Leben unsere Überzeugungen prägt. Wir machen uns an dieser Stelle bewusst, dass unsere Überzeugungen unser (Er-)Leben prägen. An der „Geschichte mit dem Hammer" erkennen wir: Weil der Mann in der Geschichte überzeugt davon war „der Nachbar ist abweisend" hat er genau das erlebt. Um Überzeugungen aufzulösen, müssen wir die Quelle unserer Projektion in uns selbst erkennen.

Übung:

1. *Bewusstmachung:* Mache dir noch einmal bewusst, *wie* du ... erlebst. Nimm aus deinem Arbeitsblatt zur Glaubenssatz-Arbeit Spalte A (s. S. 18) ein Urteil, beispielsweise: „Paul ist hektisch!", „Geld ist trügerisch!" Versuche dein ursprüngliches Urteil möglichst genau zu treffen; wähle den Aspekt, der in dir am meisten deinen Nerv/sensitiven Punkt trifft: ______________________ ist ________________.

2. *Infragestellen:* Bleibe an dieser Stelle erst einmal beim anderen. Frage dich, ob das *immer* so ist: Kann ich mit absoluter Sicherheit wissen, dass ... *immer und in jeder* Lebenslage so ist? Wie erleben ander Menschen diese Person/Sache? Ist Paul *immer* hektisch, gegenüber jeder

Person? Ist Geld *für jeden* trügerisch? Kreuze an, ob dies

☐ A) immer so ist ☐ B) relativ so ist.

3. *Auf den eigenen Standpunkt beziehen:* Lies noch einmal dein Urteil *„(nur) in meinen Augen"*, zum Beispiel: „Paul ist (nur) in meinen Augen hektisch!", „Geld ist (nur) in meinen Augen trügerisch!" Anlässlich der Glaubenssatzarbeit haben wir erfahren, dass es auch anders sein kann. Wie verändert sich dadurch deine Wahrnehmung?

____

4. *Projektion aufdecken:* Entdecke, dass etwas *in dir* sein muss, was in Resonanz zu dem steht, was du am/im anderen verurteilst bzw. was dich an ihm stört. Gehe noch einmal die Liste durch und wähle unter den folgenden drei Spiegeln den aus, der am stärksten auf dich zutrifft:

- *Gleichheit:* Ich erkenne, dass ich die gleiche Eigenschaft in mir trage, z.B. dass ich selbst hektisch, trügerisch o.ä. bin. Falls dies zutrifft, male ein „G" an „mein Urteil".
- *Kompensation:* Ich erkenne, dass ich genau das Gegenteil von dem Verurteilten/Störenden tue. Beispiel: Ich dämpfe (ohne es zu wissen) Impulse in mir, weil ich Hektik verurteile. Ich gebe mich extrem spießig, weil ich den Freak in mir fürchte. Frage dich in solchen Fällen: "Wie würde ich mich fühlen, wenn ich das kompensatorische Verhalten unterließe"?

Beispiel: „Wenn ich mich nicht dämpfen würde, würde ich Irritation erleben und meine eigene unterdrückte Hektik.“ Falls dies für dich zutrifft male ein „K“ an „dein Urteil“.

- *Sekundärer Vorteil*: Frage dich anlässlich der o. a. Punkte: „Welchen sekundären Vorteil habe ich aus dem So-Sein des Menschen/der Situation!“ Oder auch: „Wie würde ich mich fühlen, wenn der andere Mensch/das Leben nicht so wäre?“ Beispiel: „Wenn Paul nicht hektisch wäre, würde ich mich gelangweilt und unsicher fühlen!“ Falls dies für dich zutrifft, male ein „S“ an „dein Urteil“.

Weiterführende Übung: Spiele die Übung für jeden Punkt durch.

Erfahrung: Viele Teilnehmer tun sich anfangs schwer, ihrer Projektion auf die Schliche zu kommen. Wenn es schließlich gelingt, fühlen sie sich irgendwie erleichtert.

Lernerfolg: Sobald ich eine Projektion erkannt habe, stören mich die Dinge weniger im Außen. Hier gilt die „krüger´sche Normalformel“[7]: Um 20% Projektion zu verdrängen, benötige ich weitere 21% meiner Seelenenergie – sobald die Projektion erkannt wird, stehen diese 41% wieder zur Verfügung.

Nutzen: Die Illusion der Getrenntheit zwischen „da draußen“ und „dir selbst“ wird aufgehoben, du erkennst die Wechselseitigkeit, in der du mit deinem Umfeld stehst.

KDS: S. 326 f.

[7] basierend auf dem Therapeuten Andreas Krüger, Berlin

Meine Erkenntnisse daraus:

Wie sind die Menschen in dieser Stadt?

Zu einem Weisen, der am Stadttor steht, kommt ein Wanderer und fragt: „Wie sind die Menschen in dieser Stadt?“ Und der Weise fragt zurück: „Wie sind denn die Menschen in der Stadt, aus der du herkommst?“ Der Wanderer antwortet: „Niederträchtig, gemein, neidisch, deshalb bin ich ja weiter gezogen!“ Der Weise lächelt und antwortet: „Da muss ich dir leider sagen, dass auch diese Stadt voller niederträchtiger, gemeiner und neidischer Menschen ist – du wirst in der neuen Stadt nicht viel Glück haben!“ Kurz darauf kommt ein anderer Wanderer daher und fragt wieder den Weisen: „Wie sind die Menschen in dieser Stadt?“ Und wieder fragt der Weise zurück, wie denn die Menschen in seiner Heimatstadt seien. „Oh, da wo ich herkomme, habe ich Glück gehabt“, entgegnet der andere, „in meiner Stadt habe ich viele Freunde, meine Heimatstadt ist voller liebenswerter Menschen!“ – „Du hast Glück“, antwortet der Weise, „auch diese Stadt ist voller liebenswerter Menschen, und du wirst dich hier sehr wohl fühlen!“

KDS: S. 68

Was erkenne ich aus der Geschichte und welche Gedanken habe ich dazu?

____

____

____

____

Umformulierungen – Selbstverantwortung – Projektionsrücknahme

Übung: Nimm dir nochmals die Liste zum Thema Schattenarbeit vor. Ergänze dann die Urteile, die du gefunden hast durch „ich bin, dass … ist". Beispiel: „Ich bin, dass Paul hektisch ist!", „Ich bin, dass Geld trügerisch ist!" Das klingt zwar erst einmal ein wenig wie gebrochenes Deutsch, hat aber eine tiefere Bedeutung. Weitere Beispiele:

Bisherige Formulierung	**Neue Formulierung**
Mein Partner ist aggressiv. Der Blödhammel steht vor mir. Ich habe gute Freunde. Meine Kunden vertrauen mir.	*Ich bin*, dass mein Partner aggressiv ist. *Ich bin*, dass der Blödhammel im Supermarkt vor mir steht. *Ich bin, dass* ich gute Freunde habe. *Ich bin, dass* meine Kunden mir vertrauen.

Bisherige Formulierung	**Neue Formulierung**

Erfahrung: Einige Teilnehmer haben anfangs Schwierigkeiten mit der Formulierung zurecht zu kommen. Während sie die Übung auf sich wirken lassen, erkennen sie, dass das, was sie erleben (positiv oder negativ) etwas mit ihrem „So-Sein" zu tun hat.

Lernerfolg: Die Verantwortung für das zu übernehmen, was man erlebt. Der Beginn einer Umkehr. Ich erkenne, dass das, was ich erlebe offenbar etwas mit mir zu tun hat, auch wenn ich noch nicht weiß, was genau. Dies gilt insbesondere für die Ereignisse, die sich wiederholen, zum Beispiel, wenn man dreimal hintereinander an „den falschen" Partner oder einen mobbenden Vorgesetzten gerät.

Nutzen: Die Kraft und Einsicht gewinnen, dem inneren Magnetismus auf die Spur zu kommen.

KDS: S. 295 f., S. 323 ff.

Meine Erkenntnisse daraus:

Womit könnte ich das kreiert haben?

Übung (Gruppenarbeit): Mache dir ein Beispiel aus deinem Leben bewusst, einen Lebensumstand oder eine Erfahrung, die für dich unangenehm war. Wenn du magst, melde dich und teile die Erfahrung mit der Gruppe.

- Alle Workshopteilnehmer stellen sich vor, sie seien „der Täter“ bzw. „das Leben“ und beschreiben auf Zuruf, warum sie sich so gegenüber der Fokus-Person verhalten. Die Fokus-Person prüft, welche Antwort in ihr Resonanz erzeugt, ihr stimmig erscheint: Wie käme ich als Täter dazu, mich so zu verhalten? Spürt in den Täter hinein und sagt innerlich: „Ich verstehe und ich liebe dich!“

- Alle Workshopteilnehmer fühlen sich in die Fokus-Person, „das Opfer“ ein und beschreiben durch Zuruf, womit sie, wenn sie selbst „das Opfer“ wären, so eine Situation kreiert haben könnten. Die Fokus-Person prüft, welche Antwort in ihr Resonanz erzeugt, ihr stimmig erscheint: *Wie könnte ich als „Opfer“ dies kreiert haben?* Spürt in „das Opfer“ hinein und sagt innerlich: „Ich verstehe und ich liebe dich!“

- Alle Workshopteilnehmer fühlen sich alle in den evtl. positiven Nutzen ein, warum die Fokus-Person dies so kreiert haben könnte und teilen dies auf Zuruf mit. Die Fokus-Person prüft, welche Antwort in ihr Resonanz erzeugt, ihr stimmig erscheint: *Warum könnte ich dies kreiert haben?*

Erfahrung: Einigen Teilnehmern fällt es leicht, theoretisch zuzustimmen, dass *ihr eigener Magnetismus* es ist, der ihre Lebensumstände anzieht. Sie erleben es jedoch als eine

Herausforderung, den „springenden Punkt“ bei sich selbst zu finden. Hier helfen die Zurufe aus dem Publikum.

Lernerfolg: Sich die Täterperspektive inkorporieren (einverleiben); wieder heil und ganz werden.

Nutzen: Die Verantwortung und damit auch die Macht zur Veränderung zurücknehmen.

KDS: S. 353 ff.

Meine eigenen Erkenntnisse aus dieser Übung:

Mitgefühl mit sich selbst

Übung (Vierergruppe):

1. Vergegenwärtige dir eine Schwierigkeit oder Herausforderung deines Lebens und beschreibe sie genau:

   ____

   ____

2. Hast du ich so etwas Ähnliches/ein ähnliches Empfinden früher schon einmal erlebt? Falls die Antwort „ja" lautet, hat das Problem nichts mit dem konkreten Menschen, der Situation, den Umständen, sondern mit etwas in dir zu tun. Frage dich: „Woran erinnert mich das?" Notiere diese frühere Erfahrung:

   ____

   ____

3. Beobachte dein Verhalten und die Umstände, die zu der Situation geführt haben. Stelle dir vor, es gäbe es in dir einen Teil, der mit Absicht genau das erschafft, was du (als so unangenehm) erlebst, und dies aus gutem (intelligenten) Grund. Setze dich in deiner Vierergruppe zusammen und bitte die anderen um Antwort-Vorschläge auf folgende Fragen (ggf. frage auch deine Freunde). Prüfe jede einzelne davon, ob sie in dir Resonanz erzeugt, notiere die besten Antworten. Frage dich und notiere weiter unten:

a.	Wie kommen die unangenehmen Menschen/ Situationen/ Umstände in mein Leben?
b.	Wie genau schaffe ich es, dass die unangenehmen Menschen/ Situationen immer wieder in genau dieser Art und Weise auf mich zukommen?
c.	Wie mache ich es, dass ich mir genau das vom Lebenskuchen herauspicke, was ich erlebe?
d.	Warum glaubst du, Recht damit zu haben, dass die Menschen/ Situationen/ Umstände genau so sind, wie du sie erlebst?
e.	Warum erschaffst du das? Was ist die positive Absicht, weshalb du dies so arrangierst?
f.	Zu wem oder was willst du damit eine Verbindung aufrecht erhalten, die dir wichtig ist (z. B. zu deinen Eltern, deiner Kindheit, deiner Freiheit, ...)?

4. Fühle dein ganzes Mitgefühl mit dem Teil in dir, der das kreiert hat und sage zu ihm: „Was immer dir als Teil von mir widerfahren ist, dass du so geworden bist, dass du das erschaffen musst, was ich gerade erlebe, es tut mir leid und ich liebe dich." Höre diesem Teil genau zu, was er zu sagen hat. Es kann sein, dass dieser Teil dir antwortet. Notiere die Antwort:

____

____

5. Wie fühlst du dich, wenn dir bewusst wird, dass du genau das arrangierst, was du erlebst?

____

____

6. Sage zu dem Gefühl innerlich: „*Es tut mir leid – bitte verzeih mir – ich liebe dich – danke!*" Erlebst du dadurch eine Veränderung des Gefühls?

Erfahrung: Die Teilnehmer kommen einem schöpferischen Teil in sich auf die Spur, den sie lange Zeit nicht gesehen haben.

Lernerfolg: Selbstannahme

Nutzen: Herzöffnung, Entlastung der Beziehungen, Öffnung für Lebensgeheimnisse

KDS: S. 272 f.

Meine eigenen Erkenntnisse aus dieser Übung:

Der Helfer

Die Sorgenpüppchen von Guatemala:

In Guatemala haben die Kinder Sorgenpüppchen. Das sind kleine Püppchen, denen die Kinder nachts vor dem Einschlafen ihre Sorgen erzählen – wenn sie am nächsten Tag aufwachen, sind die Sorgen verschwunden. Die Sorgenpüppchen haben die Sorgen hinweggewaschen.

Geführte Meditation zum Abgeben von Belastungen

Wenn wir aufhören zu projizieren und erkennen, dass alles, was wir im Außen erleben, unsere eigene Kreation ist, verändert sich unser bisheriger Narzissmus, unsere Verdrängung durch Grandiosität in Betroffenheit. *Der Helfer* ist die innere Person, welche bereit ist, die Lasten, die wir bisher in Projektionen gebunden haben, aufzunehmen und abzutransportieren. Die nachfolgende geführte Meditation führt zu einem solchen Helfer.

Wer einen spirituellen Meister verehrt, Jesus, Maria, Rajinder Singh, Sai Baba, Mutter Meera, Tara, den Medizinbuddha oder z. B. den Geistheiler Bruno Gröning, dem wird der Helfer womöglich in dieser Form erscheinen. Doch auch bereits „Sorgenpüppchen“ oder „der gute Vater/die gute Mutter“ können eine erste Erleichterung verschaffen, denn letztendlich handelt es sich um einen *inneren* Vorgang. Wir werden an späterer Stelle im Kapitel „Wellwishing“ erfahren, wie *wir selbst* so ein Helfer für andere werden können.

Übung (Geführte Meditation – deine Helfer/Medizinbuddhas): Sinke immer tiefer in dich hinein, in die Meditation, den inneren Raum, mit einer Methode, die dir vertraut ist. Spüre insbesondere in deinen Bauchraum hinein und gehe dort in deine Mitte, in dein Lebenszentrum, zwei Zentimeter unter deinem Bauchnabel, das auch Hara genannt wird. Dann, wenn du ganz in deinem Bauchraum angekommen bist, stelle dir einen Kreis vor mit einundzwanzig geistigen Helfern. Diese Helfer können Priester aus Hawaii (Kahunas) sein, wunderschöne Männer oder Frauen, griechische Götter, christliche Heilige, Schutzengel oder Medizinbuddhas – wie immer die Form ist, mit der du am liebsten in Resonanz gehen magst.[8] Diese einundzwanzig Helfer sind von Liebe und göttlichem Mitgefühl erfüllt und kennen dich und lieben dich über alles.

In diesem Kreis ist ein Platz noch frei. Es ist dein Platz, der 22. Platz. Setze dich auf diesen Platz. Und dann, auf diesem Platz, erzähle, wie es dir geht. Und wenn es in irgendeinem Lebensbereich für dich schwierig ist, klage deinen Verbündeten dein Leid. Achte dabei darauf, dass du weder über- noch untertreibst, drücke einfach aus, was du gerade erlebst und wie du dich gerade fühlst. Versuche die Wahrheit genau zu treffen und erlaube dabei dem vollen Gefühl, dem gesamten Leiden, dem gesamten Schmerz, der gerade in deinem Bauch ist, sich auszudrücken und zugleich in der „Unschuld des Herzens“ zu bleiben. Sei so, wie du bist, bleibe aber bei dir und drifte nicht ab in Projektionen über andere, sondern beschreibe, was du in der äußeren Welt erlebst oder erlebt hast.

---

[8] Wenn du einen spirituellen Meister hast, Jesus, Buddha, einen Engel, kannst du dir diesen in 21-facher Ausfertigung vorstellen.

Aller Schmerz, alle Sorgen, alles Leiden, alles was du wahrnimmst, darf sein. Lasse es zu. Erlaube dir zu fühlen, was ist. Es gibt nur einen Grund, warum Menschen verwirrt sind – weil sie sich nicht erlauben, unmittelbar zu fühlen, was sie fühlen, weil sie ihre Gefühle nicht oder verzerrt ausdrücken. Erlaube dir alles auszudrücken, was dich bewegt, gehe damit in die Tiefe, aber bleibe bei dir. Höre, wie die Helfer immer wieder ein Heillied für dich singen, vielleicht in einer fremden Sprache, welches übersetzt lautet: „Wir verstehen dich – wir lieben dich – es tut uns leid – bitte verzeih uns – danke“. Nimm diesen Gesang tief in deine Zellen auf. Spüre, wie langsam Erleichterung in dir aufsteigt, erst ganz zart, dann immer stärker. Spüre, wie es ist, verstanden, erfühlt, erfasst, geliebt und angenommen zu werden. Spüre, wie das Mitgefühl der Helfer deinen eigenen Schmerz wegwäscht.

Tipp: Gestalte deinen Helfer in deiner Meditation so, dass er die für dich optimalen Attribute hat. Wenn du Verständnis brauchst, stelle dir den verständnisvollsten Helfer vor, den es gibt, wenn du Liebe brauchst, den liebevollsten Helfer o.ä.

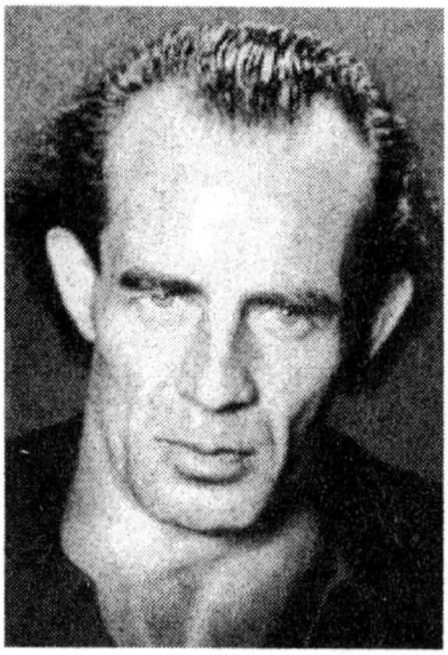

Bruno Gröning

Tara

Medizinbuddha

Ergänzend (für dich alleine) – Medizinbuddha-Meditation: Zuerst nimmt man Abstand von der Unruhe und den Geschehnissen des Alltags. Man wünscht, allen Wesen Heilung und Glück bringen zu dürfen. Durch diesen Wunsch geweckt, entsteht der Medizinbuddha als leuchtend-lapislazuliblaue holographische Lichtform vor uns im Raum. Er hält in der linken Hand eine Schale aus Lapislazuli mit heilendem Nektar. In der rechten Hand hält er eine Arura-Frucht, eine Art Himalaya-Olive, der die Tibeter besondere Heilkräfte zusprechen. Im übertragenen Sinn hält er dort die Medizin, mit der man auf bedingter Ebene arbeitet, während der Nektar in der Lapislazuli-Schale eine rein spirituelle Energie der Einsicht ist. In der Fortsetzung der Meditation strahlt aus dem Herzen des Buddhas vor uns, ein blaues Licht, das durch das ganze Universum leuchtet, alle Wesen bis in die kleinsten Moleküle durchdringt und ihnen Heilung und höchste Einsicht schenkt. Möchte man die Meditation auflösen, so kehrt das blaue Licht mit dem neuen Glück und der Dankbarkeit der Wesen angefüllt zum Medizinbuddha zurück, der nun die Selbstheilungskräfte aller Wesen mit seiner Weisheit bündelt. Er löst sich in blaues Licht auf und dieses strömt in uns hinein, wie Wasser in Wasser fließt. Wir werden eins mit seinem Kraftfeld und können nun in den Alltag gehen und die Verbindung halten.

Anmerkung: Der Medizinbuddha ist der Buddha der Heilung. Als erleuchtetes Wesen, besitzt der Medizinbuddha tiefes Mitgefühl für alle lebenden Wesen. Er hilft allen, die nach der Weisheit der Selbstheilung suchen durch Schutz vor psychischer und mentaler Krankheit ebenso wie vor anderen Gefahren und Hindernissen auf unserem Weg. Ebenso verhilft uns der Medizinbuddha die drei wichtigsten Hindernisse – sprich: Gifte – auf unserem Weg in uns selbst aufzulösen. Dies sind: Verhaftung – Feindseligkeit – Unwissenheit. Diese drei Untugenden sind laut der buddhistischen Lehre die Quelle aller Krankheiten und Gefahren auf dem Weg ins Licht. Er ist der Buddhadoktor, die Verkörperung der kollektiven Heilkraft aller Buddhas. Er besitzt die Fähigkeit die wahren Ursachen aller Schmerzen – seien diese nun physisch, psychisch oder spirituell zu erkennen. Wenn man die Meditation zur Einleitung einer energetischen Behandlung macht, kann man sich nach der Verschmelzung vorstellen, dass der Medizinbuddha auf einer Lotusblüte im Herzen sitzt – - und seine wohltuende Energie als blaues Licht aus den Händen zu sich selbst und zu anderen fließen lassen.

Erfahrungen: Durch die Exkorporation des inneren Helfers/Meisters verändert sich die Energie der Teilnehmer. Sie entwickeln Hingabe, Ehrlichkeit, kommen in Berührung mit dem Segen der Meisterqualität. Da ist eine Instanz, der man seine Sorgen und Themen hingeben kann. Viele Teilnehmer erleben diese Übung als eine Nachnährung sich selbst gegenüber.

Lernerfolg: Eine Instanz schaffen, der gegenüber Hingabe und Vertrauen möglich ist.

Nutzen: Befreiung von Belastungen.

KDS: S. 317 f.

Mein Erlebnis mit dieser Meditation:

Loslassen/Releasing

Übung:

1. Notiere nachfolgend all das, was du loslassen möchtest. Beginne stets mit „ich lasse los …“. Achte darauf, dabei bei dir zu bleiben. Statt „ich möchte meinen bissigen Vorgesetzten loslassen“ notiere beispielsweise: „Ich lasse los, das Problem mit meinem Vorgesetzten.“

   ____

   ____

2. Notiere all das, was dir gerade an Ressourcen wichtig ist, was du aufnehmen möchtest. Frage dich hierfür: „Was brauche ich in meiner Lebenssituation am dringendsten, um sie optimal zu lösen?“ Beginne stets mit „ich nehme auf …“.

   ____

   ____

3. Wähle dir einen Partner, der für dich als Helfer fungiert. Die Aufgabe des Helfers ist es, sich bedingungslos anzuhören, was du zu sagen hast und all das, was du loslassen bzw. aufnehmen möchtest, in der nachfolgenden Übung mit bedingungslosem Wohlwollen zu vollziehen (danach wird gewechselt).
4. Setze dich auf die Vorderkante eines Stuhles in den Pharaonensitz. Die Hände liegen auf den Knien, die Handflächen nach oben hin geöffnet. Ober- und Unterschenkel stehen rechtwinklig zueinander, die Füße stehen nebeneinander, die

Wirbelsäule ist gerade, das Kinn leicht angezogen. Dann ergänze den folgenden Satz *„Ich lasse los ...“* – nimm dir deine Begriffe aus Tz. 1 (s.o.) vor und bitte deine Intuition, durch dich all das auszusprechen, was du noch loslassen solltest/kannst. Sprich jeden einzelnen Satz langsam und bewusst aus und *vollziehe* ihn geistig, am besten verbunden mit einem tiefen Ausatmen. Warte jedes Mal, bis du spürst, dass sich in deinem Bewusstsein etwas verändert hat. Dann lasse in dir das Wort „danke“ aufsteigen. Warte wiederum, bis sich die nächste Sache meldet, die du loslassen kannst/möchtest. Beispiele: „Ich lasse los, die Ablehnung meiner Lebensumstände, ich lasse los, meine Abhängigkeit vor äußeren Einflüssen...“

5. Dann nimm auf und verwende dafür die Begriffe aus Nr. 2. Frage dich: *Welche Eigenschaft brauche ich gerade am dringendsten zur Lösung meiner Herausforderung?* Nehmen wir an, es wäre die Eigenschaft *Mut*. In diesem Fall stelle dir vor, dass du *Mut* aufnimmst. Sage dann: *„Ich nehme auf ...* Mut!“ Vollziehe diesen Gedanken innerlich und spüre, wie sich dadurch dein Energiefeld verändert. Du kannst das Aufnehmen auch mit deinem Atem verbinden. Hierfür stellst du dir vor, dass du beim Einatmen die gewünschte Qualität (z.B. Mut) aufnimmst und beim Ausatmen alles loslässt, was nicht dem Mut entspricht, während der Mut bleibt. Verwende dazu die folgende Formel: Einatmen – Mut – Ausatmen – Mut bleibt!

6. Danach spüre noch einmal hin, was sich verändert hat. Bedanke dich bei deinem Partner und tausche mit ihm die Rolle.

Erfahrungen: Für die Teilnehmer ist es erst einmal ein Umdenken, herauszufinden „was möchte ich eigentlich loslassen?“, „was möchte ich eigentlich aufnehmen?“. Dass sich durch die Übung etwas im eigenen Befinden ändert, erscheint vielen wie ein Wunder.

Lernerfolg: Zu sich kommen. Erleben, dass man durch Loslassen und Aufnehmen die eigene Vibration verändern kann. Loslassen von Blockierungen, Aufnehmen von Ressourcen in jeder Lebenslage.

Nutzen: Innere Autonomie und Unabhängigkeit von den äußeren Umständen.

KDS: S. 84 ff.

Meine Erfahrungen mit der Übung:

Glücksfokus

Übung:

1. Erstelle eine Liste, beginnend mit den Worten „Ich bin glücklich mit“ z. B.: „Ich bin glücklich einen erfüllten Beruf zu haben …“ Achte darauf, dass du die Ergänzungen zu dem Halbsatz „Ich bin glücklich mit …“ intuitiv in dir aufsteigen lässt.
2. Dann nimm den ersten Satz, zum Beispiel „Ich bin glücklich, einen erfüllten Beruf zu haben!“ Fühle die Qualität dieses Satzes. Vollziehe den Satz innerlich. Wiederhole diesen Gedanken innerlich, leise oder flüsternd. Während du den Satz wiederholst, öffne dein Herz. Denke nicht über ihn nach, sondern fühle ihn. Bleibe mit diesem Satz vertraut, bis du in dir ein tiefes Aufatmen, ein Anerkennen der Richtigkeit dieses Satzes wahrnimmst.
3. Dann, aber erst dann, wenn dies so ist, sage zu dir selbst laut oder leise: „Danke“.

Tipp: Solltest du Schwierigkeiten haben, deinen Satz zu fühlen, oder sollten ablehnende Gedanken kommen, dann sprich innerlich zu diesen Schwierigkeiten oder Ablenkungen: „Es tut mir leid – bitte verzeih mir – ich liebe dich – danke!“ Nimm deine Intuition zu Hilfe.

Ich bin glücklich mit

1.	
2.	
3.	
4.	
5.	

Erfahrungen: Die Macht, ob du glücklich oder unglücklich bist, liegt also nicht im Außen – sie liegt bei dir.

Lernerfolg: Die Aufmerksamkeit auf eine gewünschte Energie ausrichten.

Nutzen: Emotionen durch Ausrichtung der Aufmerksamkeit wählen können.

KDS: S. 78f.

Meine Erfahrungen mit der Übung:

____

____

____

____

____

____

____

____

Die Energie der Dankbarkeit

Übung (drei Schritte, um Dankbarkeit fühlen zu können):

1. Konzentriere dich auf etwas, für das du ehrlichen Herzens dankbar bist. Dies kann ein gegenwärtiges oder ein vergangenes Ereignis sein.
2. Lass die Erinnerung jetzt weg und spüre weiterhin die „Energie der Dankbarkeit“ einfach so. Wenn es dir schwerfällt, wechsle zwischen Erinnerung und reinem Fühlen.
3. Lenke die Energie der Dankbarkeit auf einen Lebensbereich, mit dem du dich gerade auseinandersetzt, ohne weiter darüber nachzudenken.

Lernerfolg: Dankbar sein können, unabhängig von den Umständen.

Nutzen: Dankbarkeit ist eine positive Ursache für die Zukunft.

KDS: S. 233 f.

Meine Erfahrungen mit der Übung:

____

____

____

____

____

____

Die Energie der Reue

Vielleicht hast du den Film „sieben Leben" mit Will Smith gesehen. Der Hauptdarsteller im Film bricht, getragen von der Kraft der Reue, auf zu einer außergewöhnlichen Reise, an deren Ende sich sein Leben und das von sieben Fremden für immer verändern wird. Reue im Sinn von Lernerfolg von „es tut mir leid" ist ein starker Herzöffner und das beste Heilmittel gegen Arroganz und seelische Verhärtung. Im Ho-op-Prozess brauchen wir diesen Herzöffner, um mit den magischen vier Formeln arbeiten zu können.

Übung (Drei Schritte, um die Energie der Reue spüren zu können):

1. Denke einmal an etwas sehr Schönes, Zartes, das dir sehr wertvoll ist oder war. Dies kann eine Situation sein, ein Blick, ein Mensch, eine Blume, ein Tier. Spüre, wie sich dabei dein Herz öffnet.
2. Fühle diese Herzensweite und schau nun auf eine Situation oder einen Aspekt, der im Argen liegt.
3. Fühle dein Bedauern darüber, dass die Situation nicht so schön, zart, wertvoll ist, wie sie sein könnte und erkenne an, dass es (auch) in deiner Verantwortung liegt, was du gerade erlebst. Lass im Kontrast, wie von selbst, die Energie von Reue in dir aufsteigen und sage innerlich: „Es tut mir leid!"

Tipp: Wenn eine Beziehung festgefahren ist, dann denke an den schönsten Augenblick in dieser Beziehung, den Moment, in dem sich „das Göttliche" in den Augen des anderen zeigte. Und dann fühle deine Herzensweite und schau mit deiner Herzensweite auf die aktuelle Situation und denke: „Es tut mir leid!"

Lernerfolg und Nutzen: Die Reue gebiert die Motivation zur positiven Veränderung.

KDS: S. 178

Meine Erfahrungen mit der Übung:

Die Energie der Unschuld

Die Energie der Unschuld ist immer da, auch wenn du sie nicht wahrnehmen kannst. Absichtslos. Sie ist unabhängig von Bedingungen. Wenn du die Energie der Unschuld auf einen Lebensbereich lenkst, transformiert sie ihn automatisch ins Positive. Es würde jedoch der Energie der Unschuld widersprechen, den Prozess zu manipulieren. Sei besser ein Wunderer, der „Gott bei der Arbeit zuschaut“. Dies erfordert Offenheit gegenüber dem Ergebnis, frei von Vorstellungen. Nachfolgend drei Schritte, um die Energie der Unschuld zu vibrieren:

Übung (drei Schritte, um Unschuld vibrieren zu können):

1. Konzentriere dich auf die „Energie der Unschuld in deinem Herzen“. Öffne dein Herz und spüre, wie die Energie der Unschuld zu vibrieren beginnt.
2. Denke jetzt an einen Lebensbereich, der noch nicht optimal ist, während du weiter in der Energie der Unschuld bleibst, reine Unschuld verkörperst.
3. Fühle, wie die Energie der Unschuld deine Wahrnehmung von der Situation verändert.

Tipp: Wichtig ist es, zu *fühlen*, wie sich die Situation transformiert („fühlen ohne zu denken“). Beende die Übung, sobald du spürst, dass es gut ist, d.h. die „Energie der Unschuld“ alle Störungen aus dem Thema transformiert hat. Achte darauf, dass du dich als das ganze Bild, die ganze Situation, als alle Beteiligten erlebst (wie bei einem Traumgeschehen).

Tipp: So wie die „Energie der Unschuld“ kannst du natürlich auch „die Energie der Reue“, „die Energie der Vergebung“, „die Energie der Liebe“, „die Energie der Dankbarkeit“ o. ä. vibrieren.

Lernerfolg und Nutzen: Transformationskraft entwickeln, Vorstellungen loslassen

KDS: S. 509 ff

Meine Erfahrungen mit der Übung:

Zwei oder drei in meinem Namen/Wellwishing

Übung (Vierergruppe):

1. Zu Beginn stelle dich auf die *Eine* Kraft ein auf eine Weise, die dir vertraut ist.

2. Irgendwann beginnt der Erste zu sagen, was ihn gerade am meisten bewegt, allerdings im Gegensatz zu der Mitteilung beim „wohlwollenden Lesen" nur in Kurzform, mit so wenig Worten wie möglich. Es ist nicht notwendig, die ganze (Leidens-)Geschichte zu offenbaren. Es reicht völlig aus, sich zu sammeln, in die Stille zu gehen und anzufangen zu sprechen: „Ich habe ein Problem mit, ... (kurze Beschreibung des Problems) und bitte in dieser Sache um Hilfe/Klärung!"

3. Wir bleiben im Bewusstsein der Einen Kraft und gehen in die Stille. Jeder aus dem Kreis öffnet sein Herz für das Anliegen des Betreffenden. Vielleicht denkt er einfach: „Ich ehre und ich liebe dich!" Er hält im Bewusstsein das Gebet und den Wunsch, dass das Bestmögliche geschieht. Danach wird gewechselt.

Tipp: Sollte es dir einmal so schlecht gehen oder du so blockiert sein, dass du nicht einmal um Segen für dich selbst bitten kannst, dann konzentriere dich darauf, *andere* zu segnen, insbesondere die Menschen, die dich gerade am meisten nerven, stören oder dir zu schaffen machen. Dadurch beginnt die Segensenergie bei dir wieder zu fließen.

Erfahrungen: Viele Teilnehmer erfahren es als ein wunderbares Gefühl, dass andere für sie da sind und ihnen Gutes wünschen.

Lernerfolg: Wir lernen, unsere Persönlichkeit noch weiter zurückzunehmen und die Eine Kraft durch uns wirken zu lassen.

Nutzen: Vom Kopf ins Herz und vom Herzen zum Wunder gelangen.

KDS: S. 447 ff.

Meine Erfahrungen mit der Übung:

Herzband

Übung: Setze dich deinem Partner gegenüber. Stelle dir vor, dass es ein Band gibt, welches dein Herz und das Herz der anderen Person, verbindet. Spüre wie dein Herz weit wird, bis über die Ohren wächst. Stimme dich aus diesem weiten Herzen heraus auf das weite Herz in der anderen Person ein. Nimm den eigenen Herzschlag wahr. Dann lege deine Hand auf das Herz des anderen und nimm seinen Herzschlag und die „Herzresonanz" wahr. Dann beobachte deinen Atem, ohne ihn voranzutreiben oder zu unterdrücken. Nimm den Atem deines Partners wahr. Spüre die gemeinsame Verbundenheit.

Tipp für den Alltag: Wenn du wenig Zeit hast, denke an die andere Person und empfinde dabei zugleich ein warmes Gefühl im Herzen. Egal, um wen es sich handelt, erinnere dich daran: „Ein Herz hat jeder!"

Lernerfolg: Die Aufmerksamkeit vom Kopf ins Herz verlagern

Nutzen: Verbundenheit herstellen können

KGS: S. 71 f.

Meine Erfahrungen mit der Übung:

____

____

____

____

____

____

Wohlwollendes Lesen

Gruppenübung (Zettel zusammenfalten, im Raum mischen):

1. Mache dir ein Thema bewusst, das dir am Herzen liegt. Schreibe in einem Brief alles, was dich dazu bewegt, alle Gefühle, Empfindungen aus dir heraus, ohne zu filtern oder zu interpretieren. Schreibe 1:1 auf, was in dir hochkommt, deinen Frust, deinen Ärger, deine Wut, deine Traurigkeit, deinen Zorn oder deine Verzweiflung. Mache dir kein Problem daraus, falls du dir bei dem, was du schreibst, blöd, unnormal, wahnsinnig oder gestört vorkommst, schreibe dir einfach von der Seele, was in dir ist. Was du schreibst, braucht nicht absolut gesehen wahr zu sein – es geht vielmehr darum, deine Sicht der Wahrheit so authentisch wie möglich zu offenbaren und mitzuteilen. Falls dies dir schwerfällt, dann stelle dir vor, du schreibst diesen Brief dem mitfühlendsten und verständnisvollsten Menschen, den du kennst: Jesus, Buddha oder wer auch immer dies für dich ist.

2. Lege den Brief in den Korb und ziehe dann, wenn die Briefe neu verteilt werden einen Brief von einem anderen Teilnehmer. Sollte dir die Handschrift dieses Menschen bekannt vorkommen, gib den Brief zurück und wähle einen anderen, so dass du sicher bist, dass du den Brief einer dir unbekannten Person liest.

3. Lies den neuen Brief ganz bewusst nicht nur verbal, sondern auch energetisch. Spüre, was der Brief in dir auslöst. Was fühlst du, wenn du diesen Brief liest? Ist es Trauer, Schmerz oder gar verborgene Leichtigkeit? Öffne dein Herz für das, was dir im Brief anvertraut wird. Halte die Absicht, dem

Schreiber des Briefes alles Gute zu wünschen, wie bei der letzten Übung gelernt. Lasse allerdings dabei jede Vorstellung darüber los, wie dies auszusehen hat und verzichte auch auf jegliches Urteil. Während du den Brief noch einmal liest, wiederhole dabei immer wieder die Worte „ich verstehe und ich liebe dich". Dann lasse alle Gedanken bezüglich der Inhalte des Briefes los, sprich nicht darüber und denke auch nicht weiter darüber nach, sondern spüre lediglich dein Mitgefühl. Spüre nach Abschluss der Übung, wie es dir geht. Haben sich deine Gedanken über dein Anliegen geändert?

Erfahrungen: Die meisten Teilnehmer empfinden es als sehr entlastend, dass sie sich alles von der Seele schreiben dürfen, was sie bewegt. Ebenfalls entlastend wirkt, dass die Anonymität gewahrt wird Viele Teilnehmer hatten bisher noch nie die Möglichkeit, die Dinge, die sie bewegen einzugestehen, andern und auch nicht sich selbst gegenüber – hier haben sie nun eine Plattform dafür bekommen.

Tipp für den Alltag: Suche dir einen Brieffreund, dem du jeweils schreiben kannst, was dich bewegt. Dein Brieffreund hat lediglich die Aufgabe, das was du schreibst zu segnen und dir alles Gute in der Sache zu wünschen, die dich bewegt. Umgekehrt kannst du die Offenbarungen deines Brieffreundes segnen.

Lernerfolg: In die eigene Tiefe spüren, in Worte fassen, was sich im eigenen Herzensgrund tut.

Nutzen: Mitgefühl entwickeln für sich selbst und andere. Befreiung durch bedingungsloses Mitteilen erleben.

KDS: S. 445 ff.

Meine Erfahrungen mit der Übung:

Eintauchen in den Urgrund des Seins

Von Meister Eckhart stammt der Satz: „Wer nicht stirbt, bevor er stirbt, der verdirbt, wenn er stirbt!“ Die folgende Übung stammt von Andrew Cohan. Ich selbst habe sie in einem „EnlightenNext Seminar“[9] gelernt und gute Erfahrungen mit ihr gemacht.

Übung 1: Stelle deinen Minutenwecker auf beispielsweise 15 Minuten. Begib dich in eine Position deiner Wahl (Pharaonensitz, Diamantsitz, Schneidersitz oder auch Rückenlage), sitze oder liege absolut unbeweglich und befolge die folgenden fünf Regeln:

Sitze still
sei entspannt
sei aufmerksam
lass alles sein, wie es ist
habe keine Beziehung zu Gedanken

Erläuterung: Mit „habe keine Beziehung zu Gedanken“ ist der gesamte „Mind“ gemeint, also Gedanken, Gemüt, Emotionen, Empfindungen, Bilder, Erinnerungen, Projektionen …

Erfahrungen: Manche Teilnehmer tun sich schwer mit der Idee „habe keine Beziehung zu Gedanken“. Haben sie diese erst einmal umgesetzt, erleben sie Stille und Frieden. „Lass alles so, wie es ist“ (und wenn es nur für einige Minuten ist) ermöglicht den Zugang zu unserer tiefsten Quelle der Regeneration.

Lernerfolg: Selbst in einem Umfeld von Stress, Hektik, Schwierigkeiten komplett loslassen können.

---

[9] weitere Infos unter: http://www.andrewcohen.org/germany/

Nutzen: Regeneration in jeder Lebenslage.

KDS: S. 524 ff.

Meine Erfahrungen mit der Übung:

Übung 2 (kreativer Impuls): Wenn dich irgend etwas beschäftigt, für das du keine Lösung hast, dann mache die Übung 1 und öffne dich für einen „kreativen Impuls". Der *kreative Impuls* ist nichts, was ein „ich" erzwingen kann. Wichtig ist es deshalb, nicht nur das ich, sondern auch all das, was dich beschäftigt, komplett loszulassen, einfach einzutauchen – kommt ein kreativer Impuls, ist es gut – kommt er nicht ist es auch gut. Dem Urgrund des Seins sind alle deine Anliegen zutiefst bekannt – nur das „ich" war bisher die Blockade für die Lösung. Es kann sein, dass ein „kreativer Impuls" wie ein Gummiball aus der tiefsten Stille jenseits aller Gedanken emporschießt, ohne dass eine Verstandesaktivität damit verbunden wäre. Du erkennst ihn z. B. an dem klaren Empfinden von Stimmigkeit, einem Enthusiasmus (Satori/Heureka-

Empfinden), einem inneren Feuer o. ä. Prüfe die Echtheit des Impulses, indem du behauptest „dieser Impuls trägt mich sicher ins Ziel“ – spüre im Körper nach, ob dein Körper auf diese Behauptung mit „ja“ antwortet (s. spätere Übung Focusing). Dann behauptest du das Gegenteil und lernst so bereits im Vorfeld Strohfeuer von Dauerbrennern zu unterscheiden. Ein weiteres Merkmal eines echten kreativen Impulses ist, dass er dir auch nach Tagen Freude bereitet, wenn du an ihn denkst.

Meine Erfahrungen mit der Übung:

Das Tor des inneren Körpers

Das Tor des inneren Körpers ist für mich der einfachste Zugang zu der Kraft von Ho´oponopono. Für mich hat die Kraft von Ho´oponopono viel mit Fühlen zu tun, insbesondere damit, den Teil in uns zu fühlen, der mit dem jeweiligen Körperbereich in Resonanz steht, und dort die Wandlung zu erlauben.

Vorübung (von Eckart Tolle[10]):

- Ich schließe die Augen und fühle in deinen Körper hinein, tiefer und tiefer.
- Ich frage mich mit geschlossenen Augen ohne meine Hand zu berühren: Gibt es eine Möglichkeit mir bewusst zu sein, ob meine rechte Hand noch da ist oder nicht?
- Nun spüre ich beide Hände gleichzeitig, so dass nur noch ein „Handgefühl" da ist.
- Nun fühle ich gleichzeitig die Aufmerksamkeit in meinen Füßen.
- Schließlich fühle ich Arme und Beine.
- Nun fühle ich den ganzen Körper. Ein hoher Grad an Gegenwärtigkeit ist da.

Hauptübung:

- Fühle in deinen Körper hinein, ob es irgendwo Verspannungen, unliebsame Gefühle, Emotionen, energielose Stellen o

[10] Quelle: Tolle, Eckhart, Torwege zum Jetzt, Goldmann Verlag, 2004

der ganz einfach Regionen, die Aufmerksamkeit brauchen, gibt.

- Stelle dir vor, du wüsstest, welche Körperregion gerade am meisten Liebe braucht.
- Besuche diese Region. Welches Gefühl hat diese Stelle? Frage sie, wie es ihr geht.
- Sage zu dieser Stelle: „Ich verstehe und ich liebe dich!“
- Beobachte und notiere, wie sich deine Körperempfindungen dadurch verändern.

Erfahrungen: Zuerst einmal ist es für manche Teilnehmer eine Herausforderung, vom Denken ins Fühlen zu gehen. Hier hilft es, die Frage regelmäßig zu wiederholen: Gibt es eine Möglichkeit mir bewusst zu sein ob meine rechte Hand noch da ist oder nicht? Sich vom mentalen Lärm zu lösen wird dadurch ganz einfach.

Tipp: Unterscheide dabei echte und unechte Gefühle (unterscheidende Liste s. KDS S. 169 ff).

Lernerfolg: Indem du mit geschlossenen Augen in dich hineinfühlst, erhält deine Aufmerksamkeit einen Anker, einen Brennpunkt in dir selbst.

Nutzen: Zu sich selbst kommen. Befreiung von der Tyrannei des mentalen Lärms.

KDS: S. 129 f.

Meine Erfahrungen mit der Übung:

Felt Sense / Focusing

Übung (nach Eugene Gendlin[11]):

1. **Schaffe dir innerlich einen Freiraum**: Frage dich freundlich: „Wie fühlt sich mein Körper jetzt?" Lass die Antwort aus dem Körper kommen, nicht aus dem Kopf. Erkenne alle Empfindungen an und heiße alles, was kommt, willkommen, ohne in Einzelnes einzudringen. Reihe alles in der Vorstellung neben/vor dir auf, z.B. „ich fühle kalte Füße", „mein Sonnengeflecht ist strömend warm", „ein leichter Druck ist in der rechten Schläfe". Mache so lange weiter, bis du sagen kannst: „Abgesehen von all dem fühle ich mich gut." Solltest du Schwierigkeiten damit haben, deinen Körper wahrzunehmen, frage dich ersatzweise: „Was hindert mich daran, meinen Körper wahrzunehmen/mich gut zu fühlen?"

2. **Stelle dich auf ein Thema ein und lasse einen „Felt Sense" entstehen**: Wähle ein aktuelles Thema aus und stelle es in den Mittelpunkt der Aufmerksamkeit. Imaginiere, eine DVD spielt gerade die Szene ab, die mit dem Thema zu tun hat. Oder: Die darin einbezogene Person tritt jetzt zur Tür herein. Lenke gleichzeitig deine Aufmerksamkeit auf den Brust- und Bauchbereich: Wo reagiert etwas in dir, wo verändert sich etwas? Leiste der reagierenden Körperstelle „Gesellschaft", freundlich, ohne Druck. Der „Felt Sense" entwickelt sich nun. Wo und was fühlst du im Körper, wenn du alles, was mit dem Thema zu tun hat, in Erinnerung rufst; dir vorstellst, dass die Person das Zimmer betritt? Welche Körperstelle ist betroffen und wie reagiert sie? Welche Worte oder bildhafte Vergleiche (es ist wie …) umreißen die Wahrnehmung?

---

[11] „Focusing" Gendlin, Eugene, Rowohlt Verlag, 4. Auflage, 2004

3. **Einen Griff finden**: Beschreibe den „Felt Sense“ nun genau. Finde ein erstes Wort wie z.B. „zäh“, „nervös“, „hilflos“, „eingekapselt“, „bedrückend“. „Griff“ bedeutet, das Wort oder Bild passt zum „Felt Sense“. Etwas entspannt sich in dir als Zeichen dafür, dass du den Griff gefunden hast.

4. **Pendeln:** Vergleiche deinen gefundenen Ausdruck mit dem „Felt Sense“**:** Pendle hin und her zwischen Wort (Beschreibung) und „Felt Sense“. Passen Beschreibung und Gefühl zusammen? Ist das Gefühl immer noch da, oder fühle ich jetzt etwas anderes? Entsteht eine gefühlte Veränderung („Felt Shift“)?

5. **Interview:** Stelle dem „Felt Sense“ Fragen**:** Lass die Antworten aus dem Körper kommen! Was bräuchte diese Stelle, um sich wohl(er) zu fühlen? Abschließend: Nimm das Erlebte an, schütze es: Sei dankbar, dass dein Körper geantwortet hat.

Erfahrungen: In dem Moment, wo die Teilnehmer ihr wahres Gefühl, ihren „Felt Sense“ wahrnehmen, tritt eine tiefe Entspannung und Klärung ein.

Lernerfolg: Focusing ist eine optimale Hilfe, um durch das Tor des Gefühls die Welt von Ho´oponopono zu betreten.

Nutzen: Inneren Frieden erlangen. Bewusstheit über die eigene Wahrnehmung.

KDS: S. 152

Meine Erfahrungen mit der Übung:

Kern-Transformation / Emotionale Reise

Die hier vorliegende Form der Kern-Transformation folgt der Struktur von Brandon Bays[12]. Sie wird in etwas anderer Form auch von den NLP-Mastern Connirae & Tamara Andreas und von dem Avatar-Begründer Harry Palmer verwendet.

Sinn der Übung ist es, durch die verschiedenen emotionalen Schichten hindurchzutauchen, bis man die Quelle spürt, die unter allen emotionalen Schichten liegt. Hierfür nimmt einer von beiden die Rolle des Begleiters ein (in dem Fall du), der andere (in dem Fall dein Partner) fühlt in sich hinein und taucht durch die verschiedenen emotionalen Schichten hindurch. Deine Rolle als Begleiter ist es, deinen Partner dazu anzuleiten, durch eine Schicht nach der anderen hindurchzutauchen und die einzelnen Emotionen und Erkenntnisse, die der andere erlebt, zu notieren. Gleichzeitig machst du Ho´oponopono für deinen Partner, d. h. du suchst in dir, welche Resonanz in dir zu dem ist, was dein Partner zutage befördert. Dann sagst du zu dem in dir, was dazu hochkommt: "Ich verstehe und ich liebe dich!" So profitiert ihr beide von der Übung. Danach wird gewechselt.

Übung:

- Setze dich mit deinem Partner zusammen. Frage ihn, wie es ihm emotional geht; bitte ihn, tief in sich selbst hineinzuspüren: „Blende nun alle Gedanken und äußeren Dinge aus. Benenne dein Gefühl … und empfinde dein Gefühl total, so wie

[12] Quelle: Bays, Brandon, The Journey, Ullstein Verlag, 2004; der hier aufgeführte Prozess ist nur ein kleiner Ausschnitt der sog. „Emotional Journey“, wenn du dich für den ganzen Journey-Prozess interessierst, empfehle ich dir ein Seminar bei Brandon Bays oder einem ihrer Journey-Seminarleiter zu besuchen.

es ist … **Was fühlst du**? Beschreibe genau die Beschaffenheit deines Gefühls, wo und wie im Körper du das Gefühl wahrnimmst, welche Farbe, Geruch, Ausmaße es hat …Fühle dich ganz in das Gefühl hinein … Atme in das Gefühl hinein, lass zu, dass es noch intensiver wird … Dehne dich in dem Gefühl aus, so weit es geht, und beschreibe mir, wo die Grenzen dieses Gefühles sind, während du weiter tief atmest …" (dem Partner Zeit lassen.)

- Während dein Partner die Emotion benennt, notiere die Emotion und sage innerlich: „Ich verstehe und ich liebe dich!"
- *Sage zu deinem Partner*: „Spüre weiter in dich und dein Gefühl hinein …Und nun frage dich: **„Und was liegt darunter**?" Irgendwann spürst du, dass eine Emotion, die unter der bisherigen verdrängt war, aufsteigen möchte. Wenn dies der Fall ist, gib mir bitte ein Zeichen … Erlaube dir ganz einfach nach unten zu sinken, dich in das nächste Gefühl hineinfallen zu lassen. Was fühlst du jetzt? Benenne dieses neue Gefühl …"
- Lasse den Partner nun dieses neue Gefühl (wie bei Tz. 1) voll erleben, bis das nächste Gefühl aufsteigt, notiere das Gefühl, mache damit Ho-op, bis du zur nächsten Schicht kommst, und gehe so Schicht für Schicht durch. In der Regel werden sich die Emotionen verändern, im Laufe des „Zwiebelschälens" werden sie vielleicht erst heftiger, möglicherweise kommt sogar zwischenzeitlich Angst auf. Bitte deinen Partner auch da, sich hindurchfallen zu lassen in das nächste Gefühl. Irgendwann erlebt dein Partner ein tiefes Getragensein, positivere Gefühle, wie zum Beispiel Frieden, Eins-Sein, Okay-Sein oder Ähnliches. Gehe mit ihm auch durch die Schichten der positiven Gefühle hindurch, bis er ein tiefes Getragensein von etwas Größerem und letztendlich SICH SELBST als die Quelle von „allem, was ist", erlebt.

- Dann bitte deinen Partner als die Quelle den Frieden, das Eins-Sein, das Okay-Sein auf die jeweils darüber liegende Schicht zu senden und lass ihn beschreiben, was er dadurch erlebt. Dann mit ihm eine Emotion weiter zurück, bis alle Emotionen, die du auf dem Weg notiert hast, gereinigt sind und du mit deinem Partner im JETZT gelandet bist.

Tipp: Wenn du gerade kein aktuelles Gefühl hast, dann denke an eine Erfahrung zurück, die dir emotionale Schwierigkeiten gemacht hat.

Erfahrungen: Für viele Teilnehmer ist es eine völlig neue Erfahrung, „negative" Emotionen nicht zu bekämpfen, sondern durch sie hindurchzutauchen bis zur Quelle.

Lernerfolg: Den Kernzustand erleben.

Nutzen: Sich getragen fühlen, mit seiner wahren Natur in Kontakt kommen.

KDS: S. 513 ff.

Meine Erfahrungen mit der Übung:

Das Tor des Himmels öffnen/sich als das Ganze erleben

Die nachfolgende Meditation „das Tor des Himmels öffnen" stammt von Kurt Tepperwein[13]

Vorübung: Bei jeder der nachfolgenden Vorübungen spüre genau hin, wie es sich anfühlt, diese Übung zu vollziehen:

- Beobachte deinen Atem. Forciere ihn weder, noch unterdrücke ihn. Erlebe, wie er dich trägt.
- Atme (gedanklich) nur in die linke Lunge.
- Atme nur in die rechte Lunge.
- Atme in beide Lungenflügel gleichzeitig.
- Atme von der Mitte aus senkrecht nach unten bis auf den Beckenboden. Spüre, wie der Atem dich aufrichtet.
- Atme von der Mitte aus senkrecht nach oben in die Scheitelspitze.
- Atme von der Mitte aus nach oben und unten gleichzeitig. Wie erlebst du dies?
- Atme nach vorne und hinten gleichzeitig.
- Atme nun nach rechts und links, also zu beiden Seiten hin gleichzeitig.
- Nun atme in alle sechs Richtungen gleichzeitig. Nimm einige Minuten lang wahr, nimm wahr, wie sich dies anfühlt.

[13] Tepperwein, Kurt, Praktische Meditation, als CD erhältlich unter: http://www.tepperwein.at/shop/product_info.php?info=p8_Praktische-Meditation-mit-Kurt-Tepperwein.html

Hauptübung: Denke einen Gedanken oder eine benötigte Eigenschaft, beispielsweise „Liebe", „Stimmigkeit", „Pono" oder „die richtige Entscheidung". Wie fühlt sich dieser Gedanke an, wenn du ihn mit der folgenden Körperregion denkst:

- in/mit der linken Gehirnhälfte? Zum Beispiel: „kraftvoll".
- in/mit der rechten Gehirnhälfte? Zum Beispiel: „rot, wie ein Vulkan".
- ganzhirnig? Imaginiere dafür, dass sich die Barriere zwischen den Hirnhälften öffnet oder zur Seite geschoben wird. Zum Beispiel: „ein offener, starker Strom".
- im/mit dem Bauch? Zum Beispiel: „pulsierend, aufrichtend".
- im/mit dem dritten Auge? Zum Beispiel: „vielseitig".
- im/mit dem Raum über dem Kopf? Zum Beispiel: „inspirierend".
- im/mit dem Herzen? Zum Beispiel: „vertrauensvoll".
- in/mit allen Denkräumen (in/mit dem ganzen Hirn, Bauch, Herz) gleichzeitig? Zum Beispiel: „integrierend".
- als/mit dem Universum als Denkraum? Imaginiere hierfür, dass du als das ganze Universum denkst, zum Beispiel „wie ein riesengroßer multidimensionaler Prozessor".
- als der/das Eine? Denke als die Alleinheit, erlebe, wie es ist, als der Eine zu denken, zum Beispiel „liebevoll".
- als Stimmigkeit: Schaue nur als „der Eine" auf eine Lebenssituation aus deinem Leben und nimm wahr, was du als die

„stimmige" Verhaltensweise, die stimmige Einstellung dazu erkennen kannst.

Erfahrungen: Die Teilnehmer berichten, dass es ihnen mit Hilfe der Übung gelingt, die egozentrierte Sicht- und Fühlweise zu übersteigen.

Lernerfolg: Aufmerksamkeitssteuerung. Integration verschiedener Wesensaspekte. Transpersonale Erfahrung (Man erfährt, dass man mehr, umfassender, größer ist als die Persönlichkeit!).

Nutzen: Sich als das Ganze verstehen.

KDS: S. 136

Meine Erfahrungen mit der Übung:

Sich als das Ganze erleben

Übung:

1. Denke an eine Situation, die dich herausfordert oder an der du arbeiten möchtest.
2. Erlebe die Situation aus deiner eigenen Perspektive, was erlebst, denkst, fühlst du?
3. Erlebe die Situation aus der Perspektive des/der anderen beteiligten Menschen bzw. des Lebens. Was erlebst du?
4. Erlebe nun die Energie der Situation als solches, die reine Qualität der Situation. Was erlebst du, wenn du „Opfer“, „Täter“ und „Handlung“ zugleich bist?
5. Tritt nun einen Schritt zurück und erlebe die Situation aus der Meta-Perspektive (reiner Beobachter). Pendle zwischen „in“ und „außerhalb“ der Situation zu sein. Was erlebst du?

Meine Erfahrungen mit der Übung:

Dein eigener Ho´oponopono Prozess

Übung:

1. Denke an eine herausfordernde Situation, ein Ereignis oder einen Menschen, die in dir ein ungutes Empfinden auslösen – oder an jemand, dem gegenüber du Mitgefühl entwickeln möchtest.
2. Erkenne an, dass das, was du in Zusammenhang mit dieser Situation/diesem Menschen erlebst, etwas mit dir zu tun hat, denn sonst wäre es nicht in deinem Leben (LOA).
3. Finde den Teil in dir, der mit dem Thema in Resonanz steht, entweder über den mentalen Weg („wie habe ich es kreiert, dass …?“), über das emotionale Tor („was empfinde ich, wenn ich daran denke, dass …?“) oder über die Energiewahrnehmung (sich als das Ganze erleben).
4. Sage zu diesem Teil/dieser Energie „es tut mir leid“ (vibriere dabei Reue oder Mitgefühl), „bitte vergib mir“ (ich vergebe mir selbst, vibriere dabei Vergebung), „ich liebe dich“ (vibriere dabei Liebe), warte bis sich von selbst ein tiefes Gefühl der Dankbarkeit meldet und sage dann: „Danke!“

Tipp:

- Solltest du in einer Emotion festhängen, mache die Kern-Transformation (emotional Journey).
- Solltest du so sehr mit den anderen Personen/dem Ereignis beschäftigt sein, dass du die Energie der Situation nicht mehr wahrnehmen kannst, radiere gedanklich die Personen und das

Ereignis aus und fühle nur die Energien, ggf. pendle, wie im letzten Kapitel gelernt.

- Solltest du in einer Ich-Verhaftung festhängen, öffne „das Tor des Himmels“.

Meine eigenen Erkenntnisse aus dieser Übung:

Schlusswort

Lieber Seminarteilnehmer,

liebe Seminarteilnehmerin,

ich freue mich, dass du an diesem Workshop teilgenommen hast und wünsche dir, dass du den bestmöglichen Nutzen daraus ziehst. Die Abkürzung „KDS“ gibt einen Hinweis darauf, auf welcher Seitenzahl in meinem Buch „Ho´oponopono – die Kraft der Selbstverantwortung“ du weitere Informationen zu den jeweiligen Übungen finden kannst.

Natürlich konnte ich in diesem Workshop nur eine kleine Auswahl, der in diesem Buch beschriebenen Techniken zeigen. Ein Workshop, Teil II, sowie ein ganzes Kursprogramm zu diesem Thema ist geplant. Wenn du daran Interesse hast, hinterlasse mir deine Adresse – trage dich in die Liste ein, die im Workshop ausliegt oder sende mir eine Mail oder eine Karte. Auch stehe ich gerne für Einzelsitzungen in Herrsching zur Verfügung.

Ein Forum, moderiert von mir, findest du unter der Webseite meines Verlages: http://www.riwei-verlag.de/forum/

Klaus Jürgen Becker

Hauptstr. 28

82229 Seefeld

klaus@klausjuergenbecker.de

Weiteres von Klaus Jürgen Becker

Klaus Jürgen Becker
Ho'oponopono - Die Kraft der Selbstverantwortung

600 Seiten.
ISBN 978-3-89758-630-7

Ho'oponopono bedeutet "übernatürliche Kräfte wiederherstellen und erhalten". Was wir vor der Entdeckung der Quantenphysik noch für "Wunder" gehalten haben, ist heute erklärbar: Die Kraft der Liebe und Vergebung kann das Leben verwandeln. Wenden Sie dieses Wissen "hier und jetzt" an. Dieses Buch führt Sie Schritt für Schritt zum größten Schatz Ihres Lebens, der in Ihnen selbst liegt. Mit genau 600 Seiten wird dieses Buch den Rang des Grundlagen- und Standardwerkes einnehmen. Die es bisher gelesen haben, waren alle begeistert.

Klaus Jürgen Becker
Ho'oponopono - Der innere Diamant

168 Seiten.
ISBN 978-3-89758-636-9

,Der innere Diamant' ist eine Ressource, die jeder von uns in sich trägt. Jeder von uns trägt einen Kern in sich, der klar, strahlend und unzerstörbar ist, so wie ein Diamant. Mit Hilfe des ,Urteilsvierkants' des Weisen Nagarjuna wird der Leser im Laufe dieses Buches in einen Bewusstseinszustand geführt, der jenseits der Grenzen des Verstandes liegt. Aus ihm heraus ergeben sich in jeder Lebenslage **verblüffende neue Öffnungen und Horizonte**. Verstärken Sie die Kraft Ihres Ho'oponopono, indem Sie aus seinem inneren Diamanten heraus die Transformation durch Liebe und Vergebung in Gang setzen. Das Folgebuch von Klaus Jürgen Becker berücksichtigt die Fragen und Erfahrungen von zahlreichen Seminarteilnehmern und Lesern. Es zeigt **neue Anwendungsmöglichkeiten** auf. Es unterstützt Sie darin, in Ihre eigene schöpferische Quelle einzutauchen und Ihren inneren Diamanten zu schleifen.

KlausJürgenBecker
VomJünglingzumMann
EinWegderpersönlichenErfüllung,dargestelltam Märchen“Teufelmitdendreigoldenen Haaren”

188Seiten.
ISBN978-3-87958-636-9

DasneuesteWerkvonKlausJürgenBecker (nichtnur)fürMänner. Der Autorzeigtanhand desMärchensvom,Teufel mitdendreigoldenenHaaren'auf,wiedurchdieAnnahmedesSchicksals BefreiungundpersönlicheErfüllungerfahrenwerdenkann.Kernstück diesesBuchesistdie**BegegnungdesinnerenGlückskindes**mitdem Ungelösten.SokanndiesesBuchalsMeisterwerkinSachenSchattenarbeit verstandenwerden. **Neue,spannendeBewusstseins-Techniken** helfen unsdabei,dieinunsvergrabeneWeisheitfreizulegenund,innere Dämonen'inVerbündetezuwandeln.FolgenSiedemGlückskindim MärchenbeiseinerReise.NutzenSiediespeziellenMethodenindiesem Buch,umNegativitätundSelbstsabotage-Programmezulöschenbzw. aufzulösenundin**lebensbejahendeKraft**zuwandeln.

KlausJürgenBecker
“Ho’oponopono”
Workshopvom18.Juli2009inRegensburg

2DVDmiteinerGesamtspieldauervon180Minuten.
ISBN978-3-89758-633-8

Ho’oponoponoisteinealteBewusstseinstechnikaus Hawaii.Siewurdetraditionelldazuverwendet,um UnfriedeninnerhalbeinerSippezubeseitigen.DurchdieBewusstseins-Heilungen,dieDr.LenmitdieserMethodeerzielte,istHo’oponopono inzwischenweltweitbekanntgeworden.
MitdiesemFilmbekommenSieeinengrundlegendenEinblick indieHo’oponoponoPraxis.

Klaus Jürgen Becker

Ho'oponopono - die Kraft der Selbstverantwortung

DVD mit einer Spieldauer von 92 Minuten

ISBN 978-3-89758-631-4

Ho'oponopono ist eine alte Bewusstseinstechnik aus Hawaii. Sie wurde traditionell dazu verwendet, um Unfrieden innerhalb einer Sippe zu beseitigen. Durch die Bewusstseins-Heilungen, die Dr. Len mit dieser Methode erzielte, ist Ho'oponopono inzwischen weltweit bekannt geworden.
Am 30. Oktober 2008 haben sich über 50 Menschen getroffen, um Ho'oponopono zu testen. Sanft und einfühlsam ist diese Technik, jeder hat dabei zum Thema was zu sagen und da es aus dem Herzen kommt, stimmt alles. Mit diesem Film bekommen Sie einen grundlegenden Einblick in die Ho'oponopono Praxis.

Weitere Artikel des RiWei Verlags

Uwe Frantzen

Aus der Mitte des Herzens - Teil 1

144 Seiten

ISBN 978-3-89758-450-1

Uwe Frantzen kann mit seinem **Geistkörper reisen**. Er besucht Freunde in Sekundenschnelle, bei anschließenden Telefonaten beschreibt er, was die Besuchten gerade gemacht haben. Auch beschreibt er, was auf dem Tisch stand und viele Einzelheiten mehr. Es stimmte immer. Ausgelöst wurde diese Fähigkeit bei einem Urteilchen-Seminar in Regensburg, da nahm er auch einen Urteilchen-Strahler mit. Als er sich Zuhause mit den Handelektroden und dem Urteilchen-Strahler in die Stille begab, war die Fähigkeit aus dem Körper auszutreten schlagartig da.
Mit der Zeit lernte er von geistigen Helfern und Engeln, wie er Heilung bewirken kann, indem er Wesenheiten ablöste, Implantate entfernte oder ein flüssiges Licht in die Körper füllte.

UweFrantzen
AusderMittedesHerzens-Teil2

192Seiten.
ISBN978-3-89758-454-9

UweFrantzenkannmitseinem**Geistkörperreisen**. ErbesuchtFreundeinSekundenschnelle,bei anschließendenTelefonatenbeschreibter,wasdie Besuchtengeradegemachthaben.Auchbeschreibter, wasaufdemTischstandundvieleEinzelheitenmehr.Esstimmteimmer. AusgelöstwurdedieseFähigkeitbeieinemUrteilchen-Seminarin Regensburg,danahmeraucheinenUrteilchen-Strahlermit.Alsersich ZuhausemitdenHandelektrodenunddemUrteilchen-StrahlerindieStille begab,wardieFähigkeitausdemKörperauszutretenschlagartigda. MitderZeitlernteervongeistigenHelfernundEngeln,wieerHeilung bewirkenkann,indemerWesenheitenablöste,Implantateentfernteoder einflüssigesLichtindieKörperfüllte.DaszweiteBuchisteine Erweiterung,eineBereicherung,eineVertiefung,etwasvollkommen Neues.Esführtdie**MenschenindieLiebe,insHerz,indieRuhe.**

UweFrantzen
AusderMittedesHerzens-Teil1

2CDsmiteinerGesamtspieldauervon120Minuten
ISBN978-3-89758-458-7

DasHörbuchzumBuch"AusderMittedesHerzens-Teil1".UweFrantzenliestseinBuchmiteinersehr vertrauten,klarenStimme.Manspürtsofortdie emotionaleVerbindungzudenThemen.

UweFrantzen
Geistreisen

2DVDmiteinerGesamtspieldauervon169Minuten.
ISBN978-3-89758-453-2

IndiesemWorkshopwurdendieVoraussetzungenfür eineGeistreisegenauerklärtunddieGruppeführte auchzusammeneineReisedurch.Einegroße ÜbereinstimmungderTeilnehmerimBezugaufIhre Reiseerfahrungwarvorhanden.